BIBLIOTHEQUE
DE L'ADOLESCENCE ET DU JEUNE AGE,
Publiée avec approbation
de Monseigneur l'Evêque de Limoges.

Les œuvres de Dieu

DIEU

ET

SA CRÉATION

PAR

CHARLES DELATTRE.

LIMOGES	PARIS
F. F. ARDANT FRÈRES,	F. F. ARDANT FRÈRES,
7, avenue du Midi.	quai des Augustins, 25.

DIEU

ET

SA CRÉATION.

I.

Dieu.

On était au 15 novembre, et déjà le vent
du nord rendait les journées très froides,
la neige tombait par intervalles avec assez
d'abondance pour couvrir la terre ; la
famille de Nerville , après l'inspection des
travaux de la ferme, s'était réunie devant
le foyer du salon ; une place seule ne se
trouvait pas remplie ; Henri , le plus jeune

des frères, s'occupait de l'exécution de quelques ordres donnés par son père. Peu après il rentra, tenant avec précaution une masse informe, qu'il posa devant le feu. — Quel est ce précieux trésor que tu sembles craindre de briser, tant tu prends de soin à le porter, dit Alfred ? — C'est un hérisson que le fermier vient de trouver au milieu du fumier ; il voulait le tuer avec sa bêche, disant que c'est un ennemi de nos fruits qu'il ne faut pas épargner; mais je l'ai sauvé de ses mains ; le pauvre animal est si effrayé qu'il n'ose faire un mouvement.

— Toi et le fermier vous êtes dans l'erreur, reprit M de Nerville ; le hérisson n'est pas effrayé, il est engourdi, c'est dans cet état qu'il doit passer l'hiver. — Quoi ! sans manger ? — Oui, Henri, sans manger; et lorsqu'au printemps il se réveillera, il choisira pour sa proie , non des fruits ou des feuilles , mais des limaces , des vers et des insectes nuisibles. Ainsi ce pauvre animal n'est pas un ennemi qu'il faut détruire, mais un ami qu'on doit protéger.

HENRI.

Mais, mon père , passer l'hiver sans manger, est-ce donc possible?

M. DE NERVILLE.

C'est un effet de la sagesse de Dieu.... Que serait devenu sans cela le hérisson , pendant une saison où il n'existe aucun insecte.

HENRI.

C'est vrai... mais comment cela se fait-il qu'il ne meure pas?

M. DE NERVILLE.

Pendant la belle saison, le hérisson fait

une chasse abondante ; il devient très gras, et c'est sa graisse, que des vaisseaux destinés à cet effet , absorbent , qui le nourrissent tant que dure son engourdissement.

HENRI ET SES FRÈRES.

C'est admirable !

M. DE NERVILLE.

Comme toutes les œuvres de Dieu ; si vous les connaissiez , ces œuvres , vous seriez frappés de leur grandeur, de leur étonnante simplicité , et de la sagesse infinie qui a présidé à leur exécution. Le spectacle de la nature est la merveille la plus majestueuse, la plus grande, la plus imposante que puisse admirer l'esprit humain ; rien n'est susceptible de donner à l'intelligence autant de développement, à l'âme autant de calme et de dignité , que la contemplation de ce surprenant spectacle.

CHARLES.

Mon père, nous éprouverions la plus vive reconnaissance, si vous condescendiez à nous décrire ce que l'œuvre de la création a de plus sublime.

M DE NERVILLE.

Je suis heureux, mon fils, de pouvoir acquiescer à ta demande ; l'étude de la nature sera le texte désormais de nos conversations du soir ; mais avant de parler des œuvres, je commenuerai par vous entretenir de leur divin auteur.

Dieu est le créateur de tout ce qui existe, il est la source universelle de la vie. Dieu est éternel, infini, immuable ; il est le grand mystère dont notre intelligence ne pourra jamais sonder les profondeurs. Dieu est seul, unique, pur, simple, vaste, présent partout et embrassant l'immensité de

l'infini. Toutes les perfections sont en lui ;
il est amour, lumière et vie.

Dieu est amour, et c'est pour cela qu'il a
créé l'univers ; il a voulu des êtres , des
créatures susceptibles d'aimer, de partici-
per à la vie dont il est l'unique source , à
sa félicité qui est l'amour infini. « L'amour,
» dit un des écrivains les plus éloquents de
» notre siècle, dans sa philosophie du Chris-
» tianisme , l'amour ! voilà le principe de
» la création, de la vivification , de la con-
» servation de l'univers, et de chaque créa-
» ture de l'univers. C'est à l'amour de ce-
» lui qui nous a aimés le premier que nous
» devons ce que nous sommes, et non au
» besoin qu'il aurait eu d'être glorifié par
» nous, d'augmenter ou de rehausser sa
» gloire par l'hommage de sa créature.
» Cet hommage rendu librement tourne à
» la gloire et à la félicité de la créature

» intelligente qui l'offre ; mais rendu ou re-
» fusé, il ne donne ni n'ôte rien à Dieu. »

Je commence par poser ces principes afin que vous compreniez bien l'œuvre de la création, afin que vous sachiez que Dieu n'a pas produit l'univers par nécessité, ou par hasard, ou encore d'après des essais, des tâtonnements, comme l'ont prétendu plusieurs philosophes systématiques. Retenez bien que Dieu a créé spontanément, librement et par amour ; il a créé d'un seul jet, par la simple manifestation de sa volonté ; il a dit que la matière soit, et la matière est sortie du néant, la lumière s'est formée, les mondes ont roulé dans l'espace ; les lois qui règlent leur durée, leur cours, leurs rapports, ont existé en même temps ; la vie, le mouvement, ont été versés par torrents inépuisables.

Les lois physiques de l'univers sont les

effets providentiels de l'amour divin C'est
en vertu de ces lois que les mondes ont
éprouvé et éprouvent encore les transformations qui les perfectionnent et qui en font
des Edens pour l'habitation de la créature.
Les révolutions des globes, les successions
des races animales et végétales, n'ont donc
point été des essais, des épreuves pour arri-
ver à un ouvrage plus parfait, mais l'exécution dans le temps, qui n'est qu'un point
pour l'Eternel, de sa volonté puissante.

Dieu est amour, et sa loi est une loi d'a-
mour ; méditez bien ces deux propositions,
mes enfants, car elles renferment la règle de
conduite de chacun de nous. Dieu nous
aime, il nous comble de biens ; il faut
donc, sauf à être de méprisables ingrats ,
que nous l'aimions; or, l'aimer c'est obéir à
sa loi. Que nous ordonne-t-il dans ses di-

vins préceptes ? de faire comme lui, d'aimer :

« Aimez-vous les uns les autres ; ne faites
» pas à votre frère ce que vous ne vou-
» driez pas qu'il vous soit fait à vous-mê-
» me ; aimez votre prochain comme vous-
» même ; » telle est la base des maximes de
l'Evangile. Si vous les suivez, ces maximes,
toute haine s'éteindra en vous ; chaque
homme sera votre frère. S'il pèche contre
vous, vous lui pardonnerez en le comblant
de bienfaits, vous le contraindrez à recon-
naître ses torts. Mais celui qui s'éloigne des
hommes, qui les méprise, qui les maudit
parce que ses illusions ont été détruites,
parce qu'il a été blessé dans ses affections
ou ses intérêts, celui-là se révolte contre la
loi de Dieu, et la peine de cette révolte est
l'endurcissement du cœur et le désespoir.

li

La Création.

« Au commencement, Dieu créa le ciel et
» la terre.

» La terre était informe et toute nue ; les
» ténèbres couvraient la face de l'abîme, et
» l'esprit de Dieu était porté sur les eaux.

» Or, Dieu dit : que la lumière soit, et la
» lumière fut ! Dieu vit que la lumière était

» bonne , et il sépara la lumière d'avec les
» ténèbres. Et du soir et du matin se fit le
premier jour.

» Dieu donna à la lumière le nom de
» jour, et aux ténèbres le nom de nuit.

» Dieu dit aussi : que le firmament soit au
» milieu des eaux, et qu'il sépare les eaux
» d'avec les eaux.

» Ainsi Dieu fit le firmament : il sépara
» les eaux qui sont sous le firmament de
» celles qui sont au-dessus du firmament ;
» et cela fut ainsi.

» Or, Dieu donna au firmament le nom
» de ciel ; et du soir et du matin se fit le
» second jour.

» Dieu dit encore : que les eaux de des-
» sous le ciel se rassemblent en un seul

» lieu, et que ce qu'elles couvrent paraisse à
» sec. Et cela se fit ainsi.

   » Dieu donna à ce qui était aride le nom
» de terre, et il appela mers les eaux ras-
» semblées. Et Dieu vit que cela était bon.

   » Dieu dit encore : Que la terre produise
» de l'herbe verte qui porte de la graine ,
» et des arbres fruitiers qui portent du
» fruit, chacun selon son espèce, et qui
» renferment leur semence en eux-mêmes,
» pour se reproduire sur la terre. Et cela
» fut ainsi.

   » La terre produisit donc de l'herbe verte
» qui portait de la graine, selon son espèce,
» et des arbres fruitiers qui renfermaient
» leur semence en eux-mêmes, chacun se-
» lon son espèce. Et Dieu vit que cela était
» bon.

» Et du soir et du matin se fit le troisième
» jour.

» Dieu dit aussi : Qu'il y ait des corps de
» lumière dans le firmament du ciel, afin de
» séparer le jour et la nuit, et qu'ils servent
» de signe pour marquer les temps et les
» saisons, les jours et les années.

» Que ces corps luisent dans le firmament
» du ciel , afin d'éclairer la terre. Et cela
» fut ainsi.

» Dieu fit donc deux grands corps lumi-
» neux, l'un plus grand pour présider au
» jour, l'autre moindre pour présider à la
» nuit ; il fit aussi les étoiles.

» Dieu mit ces astres dans le firmament
» du ciel pour éclairer la terre ,

» Pour présider au jour et à la nuit, et

» pour séparer la lumière d'avec les ténè-
» bres. Dieu vit que cela était bon.

» Et du soir et du matin se fit le quatriè-
» me jour.

» Dieu dit encore : Que les eaux produi-
» sent des animaux vivants qui nagent dans
» l'eau, et des oiseaux qui volent sur la
» terre, sous le firmament du ciel.

» Dieu créa donc les grands poissons et
» tous les animaux qui ont vie et qui na-
» gent dans les eaux, et qu'elles produisirent
» chacun selon son espèce ; et il créa aussi
» tous les oiseaux selon leur espèce. Et
» Dieu vit que cela était bon.

» Et il les bénit, en disant : Croissez et
» multipliez, vous qui remplissez les eaux
» de la mer, et que les oiseaux se multi-
» plient sur la terre.

» Et du soir et du matin se fit le cinquiè-
» me jour.

» Dieu dit aussi : Que la terre produise
» des animaux vivants, chacun selon son
» espèce ; les animaux domestiques, les
» reptiles et les bêtes sauvages de la terre,
» selon leurs différentes espèces.
» Et cela fut ainsi.

» Dieu fit donc les bêtes sauvages de la
» terre, selon leurs espèces, les animaux
» domestiques et tous ceux qui rampent
» sur la terre, chacun selon son espèce. Et
» il vit que cela était bon.

» Dieu dit ensuite : Faisons l'homme à
» notre image et à notre ressemblance et
» que les hommes dominent sur les poissons
» de la mer sur les oiseaux du ciel, sur les·
» bêtes domestiques, sur toute la terre et

» sur tous les reptiles qui rampent sur la
» terre.

» Dieu créa donc l'homme à son image ;
» il le créa à l'image de Dieu et lui donna
» une compagne.

» Dieu les bénit et leur dit : Croissez et
» multipliez-vous, remplissez la terre et
» vous l'assujétissez ; dominez aussi sur tous
» les poissons de la mer, sur les oiseaux du
» ciel, et sur tout animal qui se meut sur
» la terre.

» Dieu vit l'assemblage de tout ce qu'il
» avait fait, et il le trouva très bon.

» Et du soir et du matin se fit le sixième
» jour.

» Le ciel et la terre furent donc ainsi
» achevés avec tous leurs ornements.

» Le septième jour, Dieu ayant achevé
» l'œuvre qu'il avait résolu de faire, se
» reposa après avoir formé tous ces ouvra-
» ges.

» Il bénit le septième jour et il le sancti-
» fia, parce qu'il s'y était reposé après
» avoir créé et formé tous ses ouvrages. »

Tel est l'admirable récit par lequel Moïse
commence la Genèse ou l'histoire de la création de l'univers et de la formation des
sociétés. Quelle sublime poésie ! quelle majesté d'expression et en même temps quelle
noble simplicité ! Il semble que le prophète-
législateur ait été un des témoins de l'acte
sans égal qu'il décrit. Comment douter de
l'inspiration divine qui l'animait ? C'est
en vain que de prétendus régulateurs de la
raison humaine ont cherché à détruire l'au-
thenticité de la révélation qui reportait

Moïse vers l'origine de l'univers et le rendait comme le témoin de cet immense fait , *du néant s'animant au feu vivificateur de la parole divine pour produire la nature.*

C'est en vain qu'ils ont accumulé les objections, qu'ils ont eu recours à toutes les subtilités du sophisme, la science même dont ils se faisaient une arme s'est tournée contre eux et a renversé les arguments qu'ils croyaient sans réplique. N'est-ce pas par un effet de la volonté suprême , qui veut que la vérité de sa parole triomphe, qu'une science inconnue jusqu'alors , a surgi tout-à-coup, la science de la géologie dont chaque découverte nouvelle est une confirmation du premier chapitre de la Genèse?

Le récit de Moïse est simple et à la portée des intelligences les plus faibles , parce qu'il a été écrit pour les intelligences des Hébreux dégradés par le rude esclavage d'Egypte ; mais quelle que soit sa simplicité, il n'en renferme pas moins toutes les belles données sur l'origine du monde que les grandes découvertes des plus vastes génies de notre siècle ont acquises à la science ; c'est ce que je vais vous démontrer, mes amis, en vous développant le tableau des différentes phases des révolutions de notre planète.

Dieu était seul dans le temps et l'éternité, mystère infini pour notre intelligence ; il se suffisait à lui-même, lorsque sa libre volonté lui fit créer l'univers. Il voulut, et à l'instant même, du néant sortit la matière, elle exista, et avec elle, comme je vous l'ai déjà dit, les lois qui la régissent. Dès ce moment, matière et forces naturelles se mirent en mouvement, travaillèrent, débrouillèrent le chaos, sortirent de la confusion et subirent les diverses transformations qui devaient les conduire à l'état où nous les voyons actuellement. Dieu, toute puissance sans bornes, aurait pu d'un seul mot créer le monde tel qu'il est, dans un espace de temps immesurable; mais le temps n'étant rien pour l'Eternel, il laissa aux lois physiques leur action dans l'arrangement des mondes, de là les six jours ou six époques employées par Dieu à la création, selon Moïse.

Dieu créa le ciel et la terre, c'est-à-dire l'espace et la matière; l'expression du législateur hébreu est juste, car ce que les physiciens nomment l'espace, le vulgaire l'appelle ciel. C'est dans l'espace que roulent les mondes emportés dans leur course rapide et sans terme.

D'c.t.   2

Ainsi, comme la Genèse, les physiciens reconnaissent au monde deux grands éléments primitifs, l'espace et la matière.

Ils définissent l'espace, l'immensité sans bornes et sans limites qui entoure la matière, et ils reconnaissent que l'espace est immatériel, pénétrable, infini et indivisible. L'espace, dit l'illustre Pascal, est un cercle immense dont la circonférence est partout, et le centre nulle part ; pensée profonde qui semble presque rendre sensible l'infini.

L'espace est indivisible, car comment trouver une fraction d'une étendue qui n'a ni commencement ni fin ; l'espace est pénétrable, propriété qui lui était indispensable pour que la matière pût se diviser et se mouvoir.

Voici maintenant les propriétés affectées

à la matière : elle est limitée, divisible, impénétrable. La matière est limitée, car elle est contenue dans l'espace; or, deux infinis ne pourraient être l'un dans l'autre, tout contenu est limité par son contenant.

La matière est divisible, c'est-à-dire susceptible d'être séparée en portions différentes, soit en étendue, soit en quantité.

Enfin la matière est impénétrable, propriété que les physiciens expriment en disant qu'il est impossible à deux portions de matière d'être dans le même point de l'espace au même moment. En effet, un corps matériel ne peut en traverser un autre qu'en le divisant, qu'en en séparant les parties; mais il ne peut pas se mettre dans le premier sans division préalable. Ainsi un clou n'entre dans une poutre qu'en écartant le bois et en se frayant une voie; nous n'avançons dans l'air qu'en divisant l'air, en l'écartant et en occupant la place où il se trouvait avant notre mouvement.

Dieu créa l'espace, la matière et leurs propriétés ; telle aurait été l'expression du prophète s'il eût parlé à des savants. Dieu créa le ciel et la terre, c'est la même expression adaptée à des intelligences moins éclairées.

La terre était informe et toute nue ; les ténèbres couvraient la face de l'abîme.

Admirable image qui nous dépeint avec concision et vérité le chaos, c'est-à-dire l'état de la matière sortant du néant; tout alors était mêlé, confus; l'attraction qui commençait à agir produisait des courants, des mélanges fortuits et sans adhérence : les formes n'existaient pas.

Or, Dieu dit que la lumière soit ! et la lumière fut.

Ce passage a semblé longtemps une contradiction aux faits scientifiques : comment, disait-on, la lumière peut-elle exister avant le soleil qui en est la principale source ?

Aujourd'hui cette objection n'en est plus une ; les découvertes d'Herschell, ont prouvé que le soleil est un corps opaque et non lumineux. La lumière provieht des vibrations d'un fluide subtil, nommé éther, fluide qui remplit l'intervalle des corps célestes et, dont le mouvement est la cause des phénomènes lumineux, calorifiques, électriques et magnétiques. La plupart des physiciens regardent actuellement la lumière comme produite par les ondulations de l'éther. Dieu créa donc l'éther, cause de la lumière , avant de séparer le soleil de la masse matérielle encore informe.

Du soir et du matin se fit le premier jour. Ici, faut-il par jour entendre un intervalle de vingt-quatre heures, un de nos jours ? Non. — D'abord parce que la durée du jour est calculée d'après la révolution de la terre sur son axe , d'après le mouvement apparent du soleil ; or, le soleil n'était pas encore créé. Soir et matin, doit signifier le commencement et la fin de la première époque de l'existence de l'univers ; jour, le temps de cette époque écoulée entre la sortie de la matière du sein du néant, et la création de l'éther ou sa séparation de la matière, car il est dit : Dieu sépara la lumière des ténèbres, c'est-à-dire l'éther , cause de la lumière, de la matière opaque et par conséquent ténébreuse.

Dieu dit aussi : « Que le firmament soit au milieu des eaux, et qu'il sépare les eaux d'avec les eaux. »

Nous ne pouvons voir autre chose dans le firmament, que l'atmosphère immense qui dut se former autour du chaos matériel ; atmosphère surchargée de vapeurs de toute espèce et séparant en effet les vapeurs flottantes dans sa masse, des liquides bouillonnant tant à la surface que dans le sein de la matière en agitation et sans forme.

Dieu donna au firmament le nom de ciel, et du soir et du matin se fit le second jour.

C'est dans ce second jour ou seconde époque, que la matière chaotique paraît s'être divisée, répandue dans l'espace et agglomérée en corps plus ou moins volumineux selon l'attraction moléculaire qui s'opéra. Cette grande révolution par laquelle le

chaos est organisé, qui enfante des mondes,
peuple l'espace de myriades de globes dont
le volume effraie l'imagination, à quelle
cause peut-elle être assignée, sinon à la volonté infiniment puissante d'un Dieu !

A cette époque, Moïse abandonne ce qui
regarde la création universelle, pour ne
plus s'occuper que de notre monde solaire
et de la terre en particulier.

Les astres, les planètes, vivent de leur vie
individuelle ; les uns et les autres subissent
des révolutions qui les rendent susceptibles
de devenir l'habitation d'êtres organisés ;
mais ces révolutions exigent plusieurs séries
de siècles, plusieurs époques ; aussi le livre
saint a-t-il soin de les énumérer, de parler
de l'apparition des eaux, du soleil, de la
création des végétaux, des poissons, des

reptiles, des oiseaux, des animaux terrestres, et enfin de l'homme.

Je vous démontrerai, dans notre prochain
entretien, que l'ordre assigné par Moïse à la
création des diverses classes d'êtres de notre
globe, est aussi celui que la science géologi-
que a constaté.

III

Premier âge de la Terre et des Planètes ; âge
d'incandescence.

Ces premières conversations de M. de Nerville avec ses fils, excitaient puissamment
leur intérêt ; ils recherchaient avidement
l'occasion de les renouveler. La parole de ce
bon père produisait déjà le fruit qu'il en
attendait. Par un retour sur lui-même
Charles se vit en opposition directe avec la

loi divine , et si l'amour de l'humanité n'é-
chauffait pas encore entièrement son cœur
ulcéré, du moins il ressentit quelque adou-
cissement dans l'éloignement qu'il éprouvait
pour la société. De ce premier degré de gué-
rison résulta plus de douceur, plus d'amé-
nité dans ses rapports avec les ouvriers et
autres subordonnés employés dans la mai-
son. M. de Nerville s'aperçut bientôt de ce
changement moral, et il redoubla d'efforts
pour le rendre complet.

Le lendemain du jour où M. de Nerville
expliqua la création générale et fit ressortir
les faits scientifiques du premier chapitre de
la Genèse , il parla de la formation du
globe terrestre, et des planètes de notre système solaire.

Mes enfants, dit-il,

Vous savez que l'espace renferme deux sortes de corps célestes, les soleils ou étoiles et les planètes.

Les soleils sont des sphères immenses, centres d'ondulations éthérées lumineuses d'où s'échappent des rayons qui parcourent l'espace et vont éclairer les planètes. Les soleils étaient appelés autrefois étoiles fixes parce qu'on les croyait immobiles; mais il est aujourd'hui démontré que tous les corps célestes ont un mouvement de progression dans l'espace.

Les planètes, dont le nom vient du mot grec *planètes*, (*planètos*), qui signifie errant, sont des globes opaques, qui réfléchissent la lumière irradiée par le mouvement des soleils. De même que les étoiles, les

planètes doivent être en nombre prodi-
gieux, car chaque soleil doit servir de centre
de gravitation à plusieurs d'entre elles;
mais nous ne connaissons que les planètes de
notre système solaire , parce que l'éloignement des autres ne nous permet pas de les
apercevoir ; nous jugeons de leur existence
par analogie. Notre soleil étant une étoile
destinée à servir de centre lumineux et
attractif aux onze planètes qui l'entourent,
il est permis de présumer qu'il en est de
même des-autres soleils, qui ont certaine-
ment leur part d'action dans l'accomplisse-
ment des volontés divines ; et nous ne pouvons admettre que des sphères d'un volume
qui effraie l'imagination, placées à des distances si grandes dans l'espace , que nos
meilleurs instruments d'optique les décou-
vrent à peine , aient été créées dans le seul

but d'être utiles à la terre , qui n'est qu'un atôme relativement à elles.

Onze planètes gravitent dans leur orbite elliptique autour du soleil. Ce sont : Mercure, Vénus, la Terre, Mars , Vesta , Junon, Cérès, Pallas , Jupiter, Saturne, Uranus appelée encore Herschell , du nom du célèbre astronome anglais qui a découvert son existence.

Le soleil et ses onze planètes, sortis de la masse du chaos , au même instant, se sont groupés d'après leur pesanteur. Le soleil, dont la masse surpasse celle de toutes les onze planètes et comètes réunies de son système, occupa le centre ; les autres globes se placèrent autour de lui obéissant à l'attraction qu'il exerça aussitôt sur eux, et les distances qu'ils occupèrent en raison de leur densité, de sorte que Mercure, qui est le plu

dense , se trouva le plus près. Mais si le soleil attira les planètes , les planètes exercè-
rent aussi une attraction sur lui et en même
temps les unes sur les autres. De ces attrac-
tions combinées jointes au mouvement rapide et rectiligne qui animait probablement
la masse chaotique au moment de sa division, résultèrent les orbites que les planètes
décrivent autour du soleil., sans altération
dans la circonférence de ces orbites, malgré
l'accumulation des siècles. On démontre en
physique , par une expérience très simple,
comment l'attraction solaire, unie à la tendance des planètes à reprendre le mouvement rectiligne primitif, produit la marche
circulaire ; il suffit d'attacher une balle à
une corde, puis d'imprimer un mouvement
circulaire à ce petit appareil , la main et la
corde retenant la balle , remplissent le rôle
attractif du soleil , et la tendance de la balle

à s'échapper en ligne droite est analogue à la même tendance chez les planètes ; de là vient le mouvement de rotation de la balle. Or, si la main abandonne subitement la corde, on voit la balle s'éloigner, en décrivant une ligne parfaitement droite au moment du départ ; nul doute donc que la main et la corde ne fussent cause de la rotation. Il en est de même de l'attraction solaire, et si elle venait à cesser, chaque planète sortirait à l'instant de son orbite, en suivant une ligne droite à partir du point de l'orbite qu'elle occupait.

Que de grandeur et de simplicité dans l'effet comme dans la cause ! Quelle sagesse infinie dans l'arrangement de ce mécanisme !

Le soleil et les planètes en mouvement autour de lui, ont donc été retirés du chaos et lancés dans l'espace au même instant, fait prouvé par leur arrangement et leur marche informe.

Ces grands corps étaient-ils tous alors dans le même état ? c'est ce que nous allons rechercher.

Les planètes et le soleil sont des corps, puisque l'on donne le nom de corps à toute portion de matière libre et limitée par des surfaces. Les corps, quels qu'ils soient, ne peuvent exister que sous trois états ; l'état solide, l'état liquide, l'état gazeux ou aériforme.

Les corps solides que l'on fait tourner rapidement et circulairement sur eux-mêmes, ne changent pas de forme, à moins qu'ils ne soient excessivement élastiques ; or, les planètes, ayant toutes une forme plus ou moins

sphérique , si elles étaient solides en sortant
du chaos , elles n'ont dû éprouver aucune
altération à leur surface, et être aujourd'hui
telles qu'elles étaient alors ; mais l'étude
du globe terrestre prouve qu'il n'en a pas
été ainsi. Donc les planètes n'étaient pas à
l'état solide à leur naissance, ou bien il y a
eu exception pour la terre.

Le globe terrestre n'étant pas solide, il
n'a pu être que liquide ou gazeux, et peut-
être l'un et l'autre à la fois.

Tout prouve en effet qu'il a été primiti-
vement dans ces deux premiers états, et l'on
ne conçoit pas pourquoi il n'en aurait pas
été ainsi des autres planètes.

Un corps liquide ou gazeux, qui se meut
rapidement et circulairement sur lui-même,
prend la forme d'une sphère ou d'un sphé-

roïde, c'est-à-dire d'un globe plus ou moins aplati aux extrémités de son axe de rotation , et renflé à son centre ; n'est-ce pas là en effet la figure de la terre et des planètes, figure due au mouvement de rotation sur elles-mêmes que les planètes reçurent conjointement au mouvement de gravitation , autour du centre attractif solaire ? La terre et les autres planètes étant sphériques et ayant un mouvement de rotation, elles ont donc reçu cette forme parce qu'elles étaient en liquéfaction.

Appelez actuellement , à l'aide de votre intelligence , les notions de physique qui vous ont été données dans les cours du collège, vous vous souviendrez que le calorique, un des quatre fluides impondérés , agents généraux de la nature, ou si vous l'aimez mieux, suivant une autre théorie plus rationnelle, un des quatre phénomènes produits par l'éther en combinaison avec la matière, vous vous souviendrez, dis-je, que le calorique est la cause de l'état liquide et de l'état gazeux des corps.

Des masses telles que la terre et les planètes mises en liquéfaction et en vapeurs! Quelle prodigieuse accumulation de calorique n'a-t-il pas fallu pour produire un semblable phénomène? Quel imposant spectacle devaient présenter aux intelligences célestes ces globes incandescents parcourant rapidement l'espace? Un soleil de feu jetant ses rayons sur des sphères de feu qui semblent vouloir rivaliser d'éclat avec lui. Et au sein de ces mondes en ignition, quels impétueux mouvements? quelles tempêtes horribles? Des jets de flammes, des vagues de métaux brûlants s'élançant dans une at-

mosphère de vapeurs épaisses également in-
candescentes ; des chocs électriques, des détonations épouvantables, capables de briser
en éclats les plus hautes montagnes de
notre âge ; des combinaisons et des décom-
positions instantanées, l'or, le fer, l'argent
liquide , s'unissant au soufre bouillant, se
vaporisant, prenant place au sein des vapeurs atmosphériques , retombant en pluie
brillante et lumineuse . Désordre , chaos ,
choc des éléments, incendie , foudres écla-
tantes, tels étaient les phénomènes qui déchiraient les entrailles , la surface et les
abîmes atmosphériques des jeunes mondes
naissants.

Cependant les siècles passaient : la cause
qui avait produit la température incandes-
cente des globes planétaires, n'agissait plus
sur ces globes depuis leur sortie hors du

sein ténébreux du chaos ; soumis aux loi₨ physiques imposées par le Créateur à la matière, ils se refroidissaient peu à peu. L'atmosphère commençait à se purifier ; une grande quantité de substances métalliques et de substances minérales, que la chaleur maintenait à l'état de gaz, devinrent liquides, se précipitèrent sur l'océan de feu formant la masse la plus dense, le noyau planétaire ; une croûte solide naissante sépara peu à peu les vapeurs flottantes des métaux brûlants et liquides. Alors une lutte terrible s'engagea entre le noyau brûlant et l'enveloppe solide qui tendait à l'ensevelir sous sa vaste voûte. Des gaz comprimés sous les terrains nouveaux se livrant à leur force d'expansion, déchirèrent çà et là les couches solidifiées et cristallisées ; des roches de quartz, des aiguilles granitiques se soulevaient et se transformaient en montagnes, poussées qu'elles étaient par le bouillonnement intérieur ; puis les sommets de ces hauteurs s'ouvraient et donnaient passage à des torrents de laves embrasées , à des fleuves de métaux en fusion ; alors les montagnes s'écroulaient avec fracas, et elles disparaissaient dans l'abîme bouillonnant qui reprenait comme un conquérant, sa domination primitive à la surface de la planète. Des îles de granit se cristallisaient ensuite au milieu de la mer de feu , l'attraction moléculaire et le refroidissement des montagnes se formaient pour éprouver d'autres déchirements et disparaître sous l'action incessante et destructive des commotions intérieures. Ce n'était qu'instabilité , que création et ruines de continents qui s'essayaient à surgir du sein de l'abîme. Au milieu de cette lutte de l'enveloppe solide et de la masse brûlante planétaire s'écoula encore une seconde période de siècles.

IV

Deuxième âge du Globe terrestre. — Formation des
Mers primitives ; apparition de la vie sur la terre.
— Naissance des Végétaux et des Mollusques.

Enfin, l'océan de feu fut vaincu, ses vagues
de métaux brûlants , emprisonnés dans une
sphère de granit, ne se jouèrent plus au milieu de l'air, soulevés en marée de laves par
l'attraction combinée de la lune et du soleil
ou accumulés en vagues mugissantes , en
trombes sulfureuses par les tempêtes atmos-

phériques. Le calorique primitif qui pénétrait la matière planétaire se dissipait peu à peu dans l'espace selon les lois du rayonnement. Mais que de révolutions devait encore subir la surface solide de la terre avant que d'être apte à servir d'habitation à l'homme ? Faible encore, cette surface éprouvait d'horribles secousses causées par l'expansion des vapeurs, par l'agitation du noyau central brûlant. Quelle force ne devait-il pas avoir alors, ce centre terrestre en ignition, puisqu'après tant de siècles écoulés, il produit encore, dans l'âge où nous sommes, les tremblements de terre et les éruptions volcaniques ? Ses convulsions intérieures ont élevé vers les cieux les pics pyramidaux dont la tête, couronnée de glaces et de neiges perpétuelles, domine la région des nuages. La chaîne des Alpes dont le réseau couvre l'Europe, les étages de monts abruptes et sourcilleux entassés les étendaient, les unissaient, rétablissaient la voûte écroulée; d'autres dans l'Asie centrale, doivent leur existence à la puissance expansive des vapeurs qui s'échappaient de l'abime central enflammé.

Quelquefois ces vapeurs déchiraient la voûte terrestre après l'avoir secouée avec fureur; des jets de feu s'élançaient aussitôt avec force, la matière métallique en fusion surgissait au dehors, se répandait en nappe étincelante, se solidifiait, et ainsi augmentait çà et là l'épaisseur de l'enveloppe granitique.

Cependant la masse planétaire liquide ne pouvait se refroidir et se solidifier sans que l'atmosphère n'éprouvât aussi un abaissement considérable dans sa température; alors il subit une première éparation. Les

vapeurs se condensèrent, l'oxygène s'unit à
l'hydrogène et forma l'eau, l'eau primitive
chargée de chaux, de potasse et d'une mul-
titude de matières acides, oxidées, salines.
Des nuages aux flancs noirs s'accumulèrent,
la foudre éclata dans tous les points du ciel
avec le plus horrible fracas, la plus épouvan-
table des tempêtes sembla vouloir anéantir
le globe, des torrents d'eau se précipitèrent,
roulèrent avec fracas sur les pics de granit,
rongèrent leurs flancs, entraînèrent des blocs
de rochers, remplirent les bassins naturels,
débordèrent, couvrirent, envahirent toute
la surface du globe.... L'Océan existait....
mais plus vaste qu'il ne l'est de nos jours ;
l'eau partout, une mer sans rivage, point
d'autres terres que des îles de peu d'étendue, semées sur l'immensité des ondes et
marquant la direction des plus hautes chaî-
nes de montagnes primitives. Après le feu,

l'Océan dominait. Ce fut là le premier des grands cataclysmes qui bouleversèrent notre globe; l'ère des déluges venait de s'ouvrir.

L'air, débarrassé de cette masse énorme de liquide, prit de la transparence; la lumière du soleil, les rayons lunaires et stellaires purent le traverser ; les roches, les eaux, pour la première fois, brillèrent des teintes qu'ils empruntent aux rayons lumineux.

C'est l'apparition de ces admirables foyers producteurs de la lumière, que le prophète décrit dans l'œuvre du quatrième jour ; car en effet le soleil n'avait pu encore verser sur notre globe ses rayons et la vie, et il sembla naître pour la terre quand s'opéra la dépuration de l'atmosphère.

Quelle dût être brillante, cette lumière, lorsque ses premiers flots descendirent sur le sein immense du vaste Océan ? Nos yeux ne pourraient supporter un éclat aussi vif que celui qu'elle avait alors, car l'air n'avait pas les mêmes éléments que nous lui connaissons aujourd'hui, et le carbone (1) entrait pour une quantité considérable dans sa composition ; or le carbone, substance très combustible , est doué d'une grande puissance de réfraction, témoin le diamant !

La température du globe était encore très élevée ; celle de la surface du peu d'îles qui existaient, modérée par l'énorme évaporation de l'Océan , dépassait la température des régions équatoriales actuelles. L'eau, la chaleur et la lumière se combinant, la vie ne devait pas tarder à apparaître. Elle se signala dans la forme végétale ; les condi-

(1) Le carbone ou charbon est un des cinquantequatre corps élémentaires de la chimie moderne.

tions nécessaires pour la vie animale.n'exis-·
taient pas encore. Les rochers exposés au
choc des vagues océaniques se colorèrent en
vert par l'accumulation du globule végétal
atomistique, premier élément de la plante.
Bientôt les molécules vertes s'agglomérèrent,
produisirent des ulves, des conferves, d'immenses sargassums et autres fucacées (1).
Des débris de ces végétaux naquirent sur
la plage des mousses, des fougères, mais
bien différentes des humbles plantes que
nous désignons sous ce nom ; l'énergie vitale
des végétaux, favorisée par l'humidité, la
chaleur et surtout par l'atmosphère carbonique, était alors si grande, que l'élévation
des géants de nos forêts serait égalée par ces
mousses et ces fougères du premier âge de la
vie. Les bambous, les rotans, les palmiers,

(1) Plantes marines.

végétèrent aussi à cette époque et atteigni-
rent des proportions non moins gigantes-
ques.

Des couches profondes de l'écorce de notre globe, le savant Brongniart a exhumé
les débris de la botanique de cet âge primitif; et l'absence totale d'animaux au milieu de ces débris, l'impossibilité où ils au-
raient été de vivre , prouve la vérité du récit du législateur hébreu, qui affirme positi-
vement que les herbes et autres plantes furent créées avant les animaux.j

Cependant un immense travail s'opérait ,
celui de la formation des continents ; les
eaux de l'Océan primitif déposaient peu à
peu, par suite du refroidissement progressif,
les sels de chaux et autres qu'elles contenaient ; les molécules salines, attirées prin-
cipalement par les montagnes sous-mari-

nes, se déposaient en couches horizontales sur leurs flancs, s'étendaient sur leurs racines, haussaient le fond de l'Océan, augmentaient la circonférence des îles, comblaient l'intervalle des petites vallées de séparation, unissaient les archipels en un tout continu ; la terre ferme envahissait les domaines de l'Océan. Dans ces âges reculés, l'action du noyau central brûlant sur la surface solide, bien que s'affaiblissant d'année en année, était encore énergique ; les convulsions des tremblements de terre soulevaient d'immenses étendues de la croûte terrestre au-dessus des flots, pour en faire des continents éphémères. Ici le bassin océanique, déchiré par une commotion, voyait ses ondes mêlées à des vagues de feu faisant une irruption soudaine ; la chaleur subite transformait instantanément en vapeur des masses d'eau capables de remplir

3..

le lit de nos plus grands fleuves , mais re-
froidie rapidement ; la lave métallique ,
qui avait franchie les limites de ses abîmes,
se solidifiait en longues colonnes prismati-
ques de basalte (1). C'est à de semblables
éruptions sous-marines que sont dus ces
phénomènes basaltiques connus sous le nom
de Grotte de Fingal et de Chaussée des
Géants. Sur un autre point, les bassins des
mers éprouvaient des dépressions considéra-
bles, qui les transformaient en réservoirs
profonds, et mettaient à sec de nouvelles
étendues de terrain que la végétation déco-
rait aussitôt de sa verte et brillante parure.

Mais ce n'étaient pas les terres seulement
que le mouvement de la vie fécondait ;
dans le vaste sein de l'Océan naissaient les

(1) Roches dures et noires formées par l'action
des feux souterrains.

mollusques ou animaux à coquilles, les immenses ammonites (1) aux volutes recourbées, les orthoératites , les nummulites et une foule d'autres, dont les analogues ne se retrouvent plus que dans les mers équatoriales ; les poissons commençaient à fendre les flots dans leurs courses capricieuses, et à se jouer les mystérieuses retraites sous-marines.

L'œuvre du cinquième jour ou de la cinquième époque de la création s'avançait : jour employé , selon le prophète , à la production des poissons. La science , vous le voyez, mes enfants , continue à s'accorder avec les récits sacrés. Restait , pour terminer complètement cette œuvre , à créer les oiseaux ; mais l'air, chargé de carbone

(1) Sortes de coquilles.

ou charbon, était impropre à la respiration des êtres doués de poumons. Il se fit donc une nouvelle dépuration de l'atmosphère. Dans une commotion qui dut être violente à en juger par les traces qui en subsistent encore, mais dont nous ne pouvons connaî-tre la cause, il se fit une précipitation subite et instantanée du carbone mêlé à l'air. Comment se représenter l'effroyable tempête qui ravagea le globe? Aux éclairs à la lueur bleuâtre et sulfureuse, aux vio-lents déchirements de la foudre, aux siffle-ments et aux mugissements d'un ouragan impétueux arrachant et roulant pêle-mêle les plus grands végétaux, se joignit une pluie de matière carbonique, dont les cou-ches accumulées recouvrirent les stipes des palmiers et des bambous, les troncs des fougères et des cocotiers; arbres et carbone se transformèrent en lits de houille, substance si précieuse pour les arts et notre industrie Ainsi le charbon de terre est un débris de l'ancienne atmosphère. Sa précipitation préparait la naissance des animaux à poumons, et des richesses pour l'âge futur de la civilisation. Les voies de la Providence sont aussi profondes qu'admirables!

En même temps, la croûte terrestre, convulsionnée par les efforts de la lave brûlante interne, éprouvait d'horribles déchirements. Les mers étaient déplacées ; des germes de continents nouveaux, des îles inconnues surgissaient ; des vallées se transformaient en montagnes, et des plaines basses en plateaux élevés. C'est l'âge de la formation du Jura et autres montagnes secondaires.

V

Troisième âge du Globe terrestre. — Les Reptiles.

Après les révolutions , le repos : c'est une loi immuable. Les convulsions de la terre s'apaisèrent donc graduellement ; une autre nature succéda à la nature primitive. Les plantes reparurent dans toute la pompe de leur végétation ; comme celles du premier âge de la vie , elles appartenaient pour la plupart aux deux classes à organisation

simple , des acotylédonés et des monocotylédonés. La haute température , alors encore
entretenue par la chaleur interne du globe,
leur permit de se développer sous toutes les
latitudes, quoique la grande diminution du
carbone, rendant leur nutrition moins acti-
ve, restreignît leurs proportions ; quelques
plantes dicotylédonées apparurent,

Mais quel étonnant spectacle présenta la
nature animale? Les formes les plus bizar-
res s'unirent aux proportions les plus exa-
gérées pour produire des créatures singu-
lières. C'est à la science des Cuvier et des
Buckland, que nous sommes redevables de
la connaissance de ces antiques habitants de
notre planète. Dans les eaux de l'Océan,
sur les côtes , au milieu des lacs, sous les
voûtes ombreuses des forêts, dans les airs,
partout des reptiles. Ici , l'hictyosautus,

horrible crocodile de trente pieds de long,
poursuivant pour s'en repaître, des platyo-
dons et des gavials, animaux du même
genre, mais plus faibles que lui. Là, le
mosasaurus au cou de trente pieds de longueur, au corps immense, hérissé d'écailles
et terminé par une queue large et plate
destinée à fendre les eaux ; le dinotherium
dont la masse paraît fabuleuse (1).

Sur les îles, le mégalosorus couvrant de
son corps une étendue de soixante-dix pieds.
Au bord des rivières, le plésiosaurus élevant sa tête au-dessus des roseaux , sa tête
supportée par un cou flexible , semblable à
un serpent , égalant en longueur les vingt
pieds de son corps massif. Dans les vastes

(1) Une tête osseuse de cet animal , que l'on vient
de découvrir, est longue de six pieds et pèse 250
kilog.!... l'os du bras 50 kilog.!

plaines de l'air, planent les diverses espèces de ptérohactyles , types du fantastique
dragon , lézards volants , pourvus d'ailes
semblables à celles des chauve-souris, oiseaux quadrupèdes cuirassés d'écailles ,
tantôt ils rampent à terre , tantôt ils se ré-
fugient sur les cimes des arbres et se jouent
dans le feuillage.

Embrassons par la pensée , la perspective
entière de notre planète pendant son troisième âge. Un Océan plus vaste que celui
de nos jours roulant ses houles écumeuses
sur les côtes des continents exigus ; des archipels nombreux, des pics abruptes élevant
au-dessus de sa surface , les uns leur brillante parure végétale, les autres leur tête
nue et sillonnée par les fréquents éclats de
la foudre. Une population de léviathans ,! à
la voix puissante , aux appétits féroces se

livrant de continuels combats , ensanglan-
tant les ondes , renversant les forêts dans
leurs luttes affreuses. Au pôle comme à
l'équateur , une atmosphère chaude, surchargée de vapeurs portant dans leurs flancs
le feu électrique ; l'air déchiré par des tempêtes horribles , par les éclats de la foudre ;
la terre ébranlée par l'action des feux souterrains, les continents et les îles changeant
continuellement d'aspect et de configuration
dans ces secousses violentes , et menaçant
d'une destruction totale leurs monstrueux
habitants; tel est le lugubre tableau que
cette nature sauvage primitive déploie sous
nos yeux.

VI

Quatrième âge : création des Oiseaux et des
Mammifères.

A quel génie puissant la Providence se
réserve-t-elle de révéler les causes des
grandes révolutions qui transformèrent suc-
cessivement notre planète ? Dans l'état ac-
tuel de la science, nous pouvons signaler les
effets de ces cataclysmes à la fois destruc-
teurs et rénovateurs, mais nous sommes ré-
duits à les expliquer par des hypothèses.

Au milieu des commotions incessantes de notre globe, se leva enfin le jour fatal marqué pour l'anéantissement des monstrueux monarques de la terre. Les continents s'affaissèrent encore une fois, tandis qu'une partie des profondeurs océaniques, cédant à la force d'impulsion que leur imprimait la force expansive des laves souterraines, s'élevèrent peu à peu au-dessus des flots, et vinrent exposer à la lumière leurs forêts de madrépores, leurs bancs de coraux, leurs sociétés de polypes et de mollusques aux formes variées, aux couleurs admirablement nuancées. Roulant dans les vagues monstrueuses de l'Océan expulsé de ses domaines et se jetant furieux dans les bassins nouveaux qui lui étaient creusés, les mosasaures expirèrent au milieu des plus affreuses convulsions, mêlant leur voix tonnante à la voix puissante des flots courroucés et aux hurlements de la tempête. Les icthyosaures et les plésiosaures, les ptéro-dactyles réfugiés sur les cîmes des forêts, périrent tous ensevelis sous la tombe liquide qui se nivela sur eux. Alors l'air subit une dernière dépuration par la précipitation du reste de l'ancienne atmosphère carbonique.

Un monde animal venait de périr. Un autre monde animal le remplaça ; une végétation jeune surgit du sein des terres nouvellement émergées ; là où les plantes marines étendaient leurs lames et leurs ramifications, germa le chêne ; le sapin y étendit ses verts rameaux, le magnolier au luisant feuillage se para de ses tulipes odorantes, la rose incarnate, au parfum suave, se maria au lys candide, à la violette délicate ; autour des groupes de hêtres et de frênes, de

cèdres et de bouleaux , s'élancèrent le pal-
mier et le cocotier, le teck, le sandal et l'a-
cajou, admirable mélange de végétaux de
toutes les zônes sous une température tro-
picale régnant de l'équateur aux pôles.

Ces révolutions terrestres, ces déplace-
ments des mers, diminuaient la masse des
eaux océaniques, augmentaient l'épaisseur
de l'enveloppe solide et extérieure du globe,
tout en étendant les continents. La diminution graduelle de la chaleur intérieure en-
traînant le refroidissement des eaux , cau-
sait un dépôt continuel des matières salines
et argileuses qu'elles contenaient ; de là de
nouvelles couches de terrains, de là ces assi-
ses horizontales de sable, de grès, de craie,
de chaux carbonatée , qui recouvrirent les
débris des monstres sauriens et les transformèrent en fossiles.

Les lacs, les campagnes et les forêts se peuplèrent. Dans les airs s'élancèrent les aigles au vol audacieux, aux serres puissantes, et diverses espèces d'oiseaux. Les mastodonte et l'éléphant méridional, grands mammifères pachydermes à trompe, foulèrent les pâturages marécageux, quatre espèces de rhinocéros s'abritèrent dans les djongles des forêts humides. L'élasmothérium, tenant de la structure du cheval et de l'éléphant, prit ses ébats dans les prairies arrosées par de grands courants d'eau, au milieu des hippopotames, des tapirs, des anoplothérium, des palæothérium, des anthracotérium, des dichobunes, des adapis et des lophiodon. Ces animaux des terrains humides n'étaient pas les seuls maîtres du monde. Aux insectes à ruches et à fourmilières, le mégalonix livrait de rudes combats. L'ours au front bombé et l'ours au front plat, une espèce de loup, un chat voisin par les formes du lion et de la panthère, la grande hyène fossile, dressaient des embûches aux cerfs, aux bœufs, et aux légions de chevaux qui erraient les uns dans les forêts, les autres dans les vallées et dans les plaines élevées.

Ainsi au règne des végétaux monocotylédonés succédait l'empire de la végétation dicotylédonée, douée d'organes plus parfaits et plus complexes. Aux reptiles détruits, succédaient les mammifères à sang chaud, respirant un air oxigéné dans leurs vastes poumons. Et remarquez, mes jeunes amis, par quelles gradations l'air a été amené à devenir respirable pour ces êtres? Que de commotions, de dépurations il a dû subir avant d'être débarrassé des vapeurs métalliques, aqueuses, salines, carboniques, qui l'épaississaient et le rendaient impropre à la vie? L'œuvre de la création marche à grands pas ; les oiseaux du ciel, les bêtes sauvages de la terre, les animaux domestiques sont créés chacun selon son espèce, le sixième jour ou la sixième époque va se terminer. Alors, à la voix de Dieu, les grands cétacés (1) animent les eaux, l'immense baleine, le cachalot, les morses, les dauphins, fendent les plaines équorées, et se jouent dans la tempête.

Cependant le calorique terrestre se dissipait de plus en plus par son rayonnement dans les profondeurs de l'espace, les pôles se surchargeaient de glaces, la température s'abaissait, et modifiait la structure animale; l'éléphant ancien, dont les restes entiers se trouvent dans les glaces polaires, se couvrit

(1) Mammifères marins.

d'une épaisse fourrure qui lui permit de braver la sévérité du ciel septentrional.

Il manquait un dominateur dans la vaste et belle demeure ornée avec tant de luxe par la sagesse divine. Ce dominateur s'anima sous le souffle vivifiant de l'Etre des êtres. Le premier homme, Adam, la première femme, Eve, naquirent brillants d'intelligence, de jeunesse, de force et de beauté. Rois de la nature terrestre, formés à l'image de Dieu lui-même, tout ce qui respirait autour d'eux dut leur obéir et se soumettre ; en apparence, ils étaient les plus faibles des créatures, mais ils portaient sur leur front un rayon de majesté imprimé par le doigt divin, mais ils étaient animés par une âme immortelle !

Dieu les plaça au centre d'un continent embelli par les plus suaves et les plus harmonieuses des productions végétales ; les fleurs et les fruits naissaient à l'envi et sans culture dans cet Eden au sol vierge et fécond. Là , ils eussent pu couler de longs jours au sein de la paix et du bonheur, s'ils eussent suivi les lois de leur divin père , mais ils préférèrent la loi du mal, ils s'abandonnèrent à leurs passions ; eux et leurs descendants en subirent le châtiment.

La postérité du premier homme s'adonna de plus en plus au crime, à mesure qu'elle s'accrut en nombre. Les hommes violèrent le beau précepte d'amour mutuel, le fort opprima le faible, l'homicide souilla les individus et les nations, la corruption devint générale, Dieu fut oublié sur la terre.

VII

Cinquième âge : le déluge. — Apparition des Continents actuels. — Le Monde repeuplé.

Les hommes bâtissaient des cités, ouvraient le sein de la mère commune pour
lui confier l'espoir d'une moisson nouvelle ;
les artisans fondaient l'or et l'airain pour
les transformer en idoles muettes, honte de
l'intelligence humaine ; tous vivaient dans
la sécurité. Cependant la puissance divine

allait se manifester par une dernière con-
vulsion qui devait changer toute la face du
globe, et imprimer aux hommes destinés à
échapper au désastre universel, une terreur
dont le souvenir serait aussi durable que les
siècles.

Le calorique terrestre s'était dissipé au
point que la chaleur interne restait sans
action sur la température extérieure ; les
zônes des climats s'étaient nettement tran-
chées ; les glaces régnaient sur les contrées
polaires, la croûte solide de la planète
épaissie opposait un obstacle puissant à l'action des laves souterraines. Mais sous cette
voûte immense s'amassait lentement une
tempête destructive. Les vapeurs s'accumu-
laient de jour en jour entre la surface liquide du noyau planétaire brûlant, et l'enveloppe terrestre extérieure ; comprimées

fortement, elles s'accumulèrent jusqu'à ce que leur force expansive, brisant la résistance opposée par l'enveloppe, celle-ci fut soulevée tout-à-coup. Le lit des mers se nivela, les eaux, sans bassins pour les contenir, se répandirent de toutes parts sur les plus hautes montagnes; l'eau, vaporisée par une augmentation subite de température, s'éleva dans l'atmosphère, et soudain en fut précipitée retombant en torrents de pluie. Villes et empires, hommes et animaux, cèdres altiers, plantes fragiles disparurent, engloutis sous les flots du terrible Océan déchaîné et ne connaissant plus de limites.

C'en était fait du globe, il allait éclater et être projeté çà et là par parcelles, dans l'espace brisé par la force expansive des vapeurs souterraines, si les parties les plus faibles n'eussent cédé; alors se soulevèrent de nouvelles montagnes, bouches ignivomes, dont les cratères donnèrent issue à des fleuves de feu entraînés par les gaz; les foudres intérieures mêlèrent leurs détonations aux foudres de l'atmosphère; les rochers embrasés retombèrent dans les fondes en les faisant bouillonner comme l'acier rougi que l'artisan plonge dans l'eau pour lui donner la trempe; la cendre agglomérée en nuages choqua dans les airs les nues grosses de tempêtes; la lave descendit en cascades et en cataractes brillantes, et se creusa un lit dans les vagues frémissantes.

Les volcans avaient sauvé le globe de la ruine totale qui le menaçait. Depuis lors, brûlèrent les Monts-d'Or et le Puy-de-Dôme, l'Etna, le Vésuve et l'Hécla, les volcans de l'Asie, de l'Amérique et de l'Océa-

nie, sortes de soupapes de sûreté qui préser-
vent le globe du danger d'une explosion.

Lorsque cette immense déjection eut produit un vide sous la voûte terrestre, il se
fit un affaissement subit, l'Océan se rejeta
dans les bassins qui en résultèrent, et
laissa à sec les continents actuels. L'Europe,
qui n'avait été jusque-là qu'un grand Ar-
chipel, devint terre ferme ; mais l'effort de
la secousse rompit l'isthme qui faisait une
péninsule de la Grande-Bretagne, et déta-
cha Gibraltar de l'Afrique pour livrer passage à l'Océan. L'Afrique et l'Asie, anciens
bassins de mers, virent leurs sables marins
transformés en steppes et en déserts arides,
la Caspienne et les autres lacs salés sur-
vécurent comme pour être les preuves irré-
cusables de l'antique présence de l'Océan
dont ils sont les débris.

La terre avait achevé sa période d'enfance, il ne devait plus désormais y avoir pour elle de violentes convulsions ; sur sa surface stable allaient vivre les grandes familles humaines.

Le dernier séjour de la mer avait produit les terrains tertiaires des géologues ; le cataclysme diluvien laissa pour trace des amas de sables et d'argiles déposés au-dessus des couches tertiaires. Dans cette catastrophe, ou dans quelque inondation partielle antérieure, disparurent les races des palæothorium, des lophiodon, des adapis, des mammouths, de l'éléphant ancien, et autres espèces qui ne nous sont connues que par leurs ossements déposés dans les entrailles du sol comme autant de médailles des âges antiques. Peut-être aussi l'anéantissement de ces races eut-il lieu avant le déluge et fut-il causé par le refroidissement de la température.

J'arrive à l'âge moderne pour ainsi dire de notre planète; âge postdiluvien qui date seulement de six mille ans, comme le constatent les cercles ligneux du baobab d'Afrique, et les murèmes ou moraines des glaciers.

La configuration de la terre n'a pas changé sensiblement depuis cette époque, quoique l'Océan soit porté à s'étendre peu à peu en superficie, et qu'un travail lent, mais sensible, tende à transformer en un vaste continent les archipels océaniens.

Aujourd'hui les eaux marines occupent plus des trois quarts de la surface terrestre, et la masse continentale, arbitrairement divisée en quatre parties , puisqu'elle ne fait qu'un tout sans interruption, comprend : l'Asie, l'Europe , l'Afrique et l'Amérique. Les géographes font des îles océaniennes une cinquième partie du globe.

L'Asie a servi de refuge et de second berceau au genre humain ; c'est dans ce continent que les sociétés se reconstituèrent, que les familles se multiplièrent au point de former de nouveaux peuples, que les arts et la civilisation furent remis en honneur et en voie de progrès. C'est en Asie que les nations devenues nombreuses comme les sables de la mer, ployèrent leurs tentes et partirent pour peupler les vastes solitudes des autres terres. Mais avant de vous parler du genre humain et des merveilles produites par son intelligence, j'aurai encore plus tard à vous entretenir de ce que le Créateur y a placé de remarquable, soit pour son embellissement, soit pour l'utilité des hommes.

L'ARBRE UNIVERSEL.

Un voyageur traversait l'un des affreux
déserts de l'Afrique : la faim, la soif le tour-
mentaient. Heureusement il aperçoit dans le
lointain un bois de palmiers-cocotiers ; il ne
doute point, s'il peut l'atteindre, d'apaiser
les deux besoins qui le torturent... Ses vœux
sont accomplis ; il souffre déjà moins en pé-
nétrant sous l'ombrage de ces arbres tant

désirés. Pour comble de bonheur, une cabane existe en ces lieux solitaires; il s'y dirige. Un vieillard, seul hôte de ce désert, le reçoit avec bienveillance et le fait entrer.

— Je n'ai, dit-il, à vous offrir que les productions de cette oasis. En même temps il lui présente cordialement l'eau aigrelette et parfumée d'un jeune coco. Le voyageur épuisé l'avale avec délices. Le vase qui contenait cette liqueur rafraîchissante n'était autre que la noix du coco : sa forme toute naturelle était aussi agréable que commode; on eût dit qu'un artiste habile en avait peint et verni l'extérieur.

Le solitaire fait reposer son hôte sur une natte fort douce et fort propre fabriquée avec les filaments déliés des feuilles de palmier-cocotier; plusieurs autres nattes semblables étaient suspendues le long des murs de la cabane.

Les apprêts du dîner, ne furent pas longs.
Le solitaire avait fait du feu devant sa demeure. Il fit cuire un chou de cocotier sous
les cendres brûlantes; il le servit ensuite, sans
cérémonie, sur une large feuille du même
arbre. Cette feuille remplaçait tout à la fois
la nappe et le plat. Dans un désert on se
tire d'affaire comme on peut. L'eau de la
noix tint lieu de sauce; le cocotier fournit le
vinaigre. Le vin même ne manqua point;
un vin doux, parfumé et très propre à ra-
fraîchir la bouche desséchée du voyageur
qui a traversé les sables arides. Pour obtenir
cette liqueur bienfaisante, on monte le long
du tronc des cocotiers, on coupe l'extrémité
de cette grande enveloppe où sont contenues
les fleurs; il en coule une liqueur blanche
que l'on recueille avec soin dans des pots
attachés à chacune de ces enveloppes. C'est
le vin du cocotier; il n'est bon que le pre-

mier jour ; le lendemain c'est du vinaigre qui a encore son utilité. Si l'on veut se donner la peine de le distiller, il en résulte une liqueur spiritueuse qu'on nomme *rack*. On retire ensuite un second suc non spiritueux qui, par l'évaporation, donne un sucre noir. Vous pensez bien que les enveloppes que l'on a traitées ainsi ne donnent point de fruits, parce que cette liqueur qui devait former le coco est épuisée.

En guise de pain, le solitaire servit une amande sèche. Il sut varier les mets. Les feuilles tendres d'un autre chou furent accommodées en salade avec de l'huile et du vinaigre puisés à la même source. Le bon vieillard avait sa provision d'avance.

Le voyageur lui marqua son étonnement de ce qu'il savait tirer tant de parti du cocotier.

— Bon, répliqua-t-il, ma nourriture n'est que la moitié des bienfaits que m'accorde cet arbre précieux. Veuillez regarder autour de vous :

Robinson Crusoé ne sut point, dans son île,
Se procurer ainsi l'agréable et l'utile.

Le bois dont est construit cette cabane est tiré du tronc des cocotiers. La couverture est composée de leurs feuilles tressées ; comme je manquais de clous, j'ai attaché les morceaux de la charpente avec de fortes cordes faites de cette espèce de bourre ou filasse naturelle qui entoure la noix. Mes habits viennent du même endroit : cette natte fine qui entoure mes rei s est fabriquée de la matière que j'emploie pour faire mes cordes et mes ficelles Cette grande feuille qui frappe vos regards me sert de parasol dans les beaux jours, et me garantit de la pluie pendant la mauvaise saison. Ce réseau qui pend à la muraille et qui me sert à passer l'eau qui contient des ordures, est un tamis naturel qui se trouve à la partie de l'arbre d'où sortent des branches feuillées ; je n'ai que la peine de l'enlever. Enfin la Providence , qui semble prodiguer tout ce qui est utile, a voulu que le cocotier, qui seul peut suffire aux premiers besoins de l'homme, donnât ses fruits deux ou trois fois par année. Remercions-la pour le repas qu'elle vient de nous apprêter dans ce désert.

Quand le soleil eut disparu derrière les montagnes, la lune répandit peu à peu sa clarté vaporeuse. Alors le vieux solitaire alluma sa lampe : c'était une coquille de coco, et la mèche était faite de la bourre qui l'avait entourée. Pour prendre le repos de la nuit, on se coucha sur une natte de feuilles. Aux premiers feux du jour, le vieillard prépara pour le voyageur un vase de lait d'amande , dans lequel il fit dissoudre un peu de ce sucre noir dont je vous ai parlé. Pendant que vous déjeunerez, lui dit-il , je vais écrire une lettre que je vous prierai de vouloir bien remettre à un de mes amis qui demeure dans la ville où vous vous rendez.

Le voyageur partit ensuite , remerciant l'industrieux solitaire de sa bienveillante hospitalité , et ne pouvant assez admirer les innombrables ressources de la nature.

FIN.

Limoges. — Typ. F. F. Ardant frères.